C'est l'anniversaire de :

....

Date de naissance :

....

Lieu de naissance :

....

Lieu de la fête des 18 ans :

....

COLLER sa PHOTO

PHOTOS de la petite enfance :

PHOTOS de la petite enfance :

Un petit mot de la part de :

Un petit mot de la part de :

Un petit mot de la part de :

Un petit mot de la part de :

PHOTOS à l'adolescence :

PHOTOS à l'adolescence :

Un petit mot de la part de :

Un petit mot de la part de :

Un petit mot de la part de :

Un petit mot de la part de :

Tes qualités qu'on admire :

"

"

Tes petits défauts qu'on aime bien :

"   "

Un petit mot de la part de :

Un petit mot de la part de :

Un petit mot de la part de :

Un petit mot de la part de :

Photos de classe :

Des souvenirs de l'école :

" "

Des souvenirs du collège :

— " ————————

———————— " —

Des souvenirs du lycée :

" "

PHOTOS:

Des souvenirs de fêtes :

— " _____

_____ " —

PHOTOS :

Des souvenirs en famille :

— " ———

——— " —

PHOTOS :

Des souvenirs de voyage :

— " _____

_____ " —

Un petit mot de la part de :

Un petit mot de la part de :

Un petit mot de la part de :

Un petit mot de la part de :

PHOTOS :

Des anecdotes mémorables :

PHOTOS :

Des anecdotes mémorables :

PHOTOS de VOYAGE :

Un petit mot de la part de :

                         Un petit mot de la part de :

Un petit mot de la part de :

Un petit mot de la part de :

Surtout, n'oublie pas que :

> ....

> ....

> ....

> ....

> ....

> ....

> ....

Des suggestions pour ce nouveau cap :

Des suggestions pour ce nouveau cap :

PHOTOS :

Des mots qui nous font penser à toi :

Photo du jour des 18 ans

HAPPY Birthday

"Oh Bazar!" vous souhaite un bel et heureux anniversaire !

Nous serions ravis d'avoir un commentaire de votre part.
Nous prêtons attention à vos avis, cela nous permet de nous améliorer
et nous encourage à créer d'autres livres.
Si vous le souhaitez vous pouvez écrire un commentaire
sur la page associée à ce livre via votre compte Amazon,
ou bien directement en scannant ce QR Code :

D'avance merci !

OH BAZAR !

Découvrez d'autres livres et carnets utiles à remplir sur
notre site : www.oh-bazar.com